TRANZLATY

Sprache ist für alle da

Jezik je za vse

Die Schöne und das Biest

Lepotica in Zver

Gabrielle-Suzanne Barbot de Villeneuve

Deutsch / Slovenščina

Copyright © 2025 Tranzlaty
All rights reserved
Published by Tranzlaty
ISBN: 978-1-80572-028-7
Original text by Gabrielle-Suzanne Barbot de Villeneuve
La Belle et la Bête
First published in French in 1740
Taken from The Blue Fairy Book (Andrew Lang)
Illustration by Walter Crane
www.tranzlaty.com

Es war einmal ein reicher Kaufmann
Nekoč je bil bogat trgovec
dieser reiche Kaufmann hatte sechs Kinder
ta bogati trgovec je imel šest otrok
Er hatte drei Söhne und drei Töchter
imel je tri sinove in tri hčere
Er hat keine Kosten für ihre Ausbildung gescheut
ni varčeval s stroški za njihovo izobraževanje
weil er ein vernünftiger Mann war
ker je bil razumen človek
aber er gab seinen Kindern viele Diener
svojim otrokom pa je dal veliko služabnikov
seine Töchter waren überaus hübsch
njegove hčere so bile izjemno lepe
und seine jüngste Tochter war besonders hübsch
in njegova najmlajša hči je bila še posebej lepa
Schon als Kind wurde ihre Schönheit bewundert
že kot otrok so njeno lepoto občudovali
und die Leute nannten sie nach ihrer Schönheit
in ljudje so jo klicali po njeni lepoti
Ihre Schönheit verblasste nicht, als sie älter wurde
njena lepota ni zbledela, ko se je starala
Deshalb nannten die Leute sie weiterhin wegen ihrer Schönheit
zato so jo ljudje klicali po njeni lepoti
das machte ihre Schwestern sehr eifersüchtig
zaradi tega so njene sestre zelo ljubosumne
Die beiden ältesten Töchter waren sehr stolz
najstarejši hčerki sta bili zelo ponosni
Ihr Reichtum war die Quelle ihres Stolzes
njihovo bogastvo je bilo vir njihovega ponosa
und sie verbargen ihren Stolz nicht
prav tako nista skrivala ponosa
Sie besuchten nicht die Töchter anderer Kaufleute
drugih trgovskih hčera niso obiskovali
weil sie nur mit Aristokraten zusammentreffen

ker se srečajo le z aristokracijo
Sie gingen jeden Tag zu Partys
vsak dan so hodili na zabave
Bälle, Theaterstücke, Konzerte usw.
žoge, igre, koncerti itd
und sie lachten über ihre jüngste Schwester
in smejali so se svoji najmlajši sestri
weil sie die meiste Zeit mit Lesen verbrachte
ker je večino časa preživela ob branju
Es war allgemein bekannt, dass sie reich waren
vedelo se je, da so premožni
so hielten mehrere bedeutende Kaufleute um ihre Hand an
zato jih je več uglednih trgovcev prosilo za roko
aber sie sagten, sie würden nicht heiraten
pa sta rekla, da se ne bosta poročila
aber sie waren bereit, einige Ausnahmen zu machen
vendar so bili pripravljeni narediti nekaj izjem
„Vielleicht könnte ich einen Herzog heiraten"
"Morda bi se lahko poročila z vojvodo"
„Ich schätze, ich könnte einen Grafen heiraten"
"Mislim, da bi se lahko poročila z Earlom"
Schönheit dankte sehr höflich denen, die ihr einen Antrag gemacht hatten
Lepotica se je zelo civilizirano zahvalila tistim, ki so jo zasnubili
Sie sagte ihnen, sie sei noch zu jung zum Heiraten
rekla jim je, da je še premlada za poroko
Sie wollte noch ein paar Jahre bei ihrem Vater bleiben
želela je ostati še nekaj let pri očetu
Auf einmal verlor der Kaufmann sein Vermögen
Kar naenkrat je trgovec izgubil bogastvo
er verlor alles außer einem kleinen Landhaus
izgubil je vse razen majhne podeželske hiše
und er sagte seinen Kindern mit Tränen in den Augen:
in svojim otrokom je s solzami v očeh rekel:
„Wir müssen aufs Land gehen"

"moramo iti na podeželje"
„und wir müssen für unseren Lebensunterhalt arbeiten"
"in za preživetje moramo delati"
die beiden ältesten Töchter wollten die Stadt nicht verlassen
najstarejši hčerki nista hoteli zapustiti mesta
Sie hatten mehrere Liebhaber in der Stadt
v mestu sta imela več ljubimcev
und sie waren sicher, dass einer ihrer Liebhaber sie heiraten würde
in bili so prepričani, da se bo eden od njihovih ljubimcev poročil z njima
Sie dachten, ihre Liebhaber würden sie heiraten, auch wenn sie kein Vermögen hätten
mislili so, da se bodo njihovi ljubimci poročili z njimi tudi brez premoženja
aber die guten Damen haben sich geirrt
a dobre dame so se zmotile
Ihre Liebhaber verließen sie sehr schnell
ljubimci so jih zelo hitro zapustili
weil sie kein Vermögen mehr hatten
ker niso imeli več bogastva
das zeigte, dass sie nicht wirklich beliebt waren
to je pokazalo, da pravzaprav niso bili preveč všeč
alle sagten, sie verdienen kein Mitleid
vsi so rekli, da si ne zaslužijo pomilovanja
„Wir sind froh, dass ihr Stolz gedemütigt wurde"
"veseli smo, da je njihov ponos ponižan"
„Lasst sie stolz darauf sein, Kühe zu melken"
"naj bodo ponosni na krave molze"
aber sie waren um Schönheit besorgt
vendar jih je skrbela lepota
sie war so ein süßes Geschöpf
bila je tako sladko bitje
Sie sprach so freundlich zu armen Leuten
tako prijazno je govorila revnim ljudem
und sie war von solch unschuldiger Natur

in bila je tako nedolžne narave
Mehrere Herren hätten sie geheiratet
Več gospodov bi se poročilo z njo
Sie hätten sie geheiratet, obwohl sie arm war
bili bi jo poročili, čeprav je bila revna
aber sie sagte ihnen, sie könne sie nicht heiraten
vendar jim je rekla, da se ne more poročiti z njimi
weil sie ihren Vater nicht verlassen wollte
ker ne bi zapustila očeta
sie war entschlossen, mit ihm aufs Land zu fahren
bila je odločena, da gre z njim na podeželje
damit sie ihn trösten und ihm helfen konnte
da bi ga potolažila in mu pomagala
Die arme Schönheit war zunächst sehr betrübt
Uboga lepotica je bila sprva zelo žalostna
sie war betrübt über den Verlust ihres Vermögens
bila je žalostna zaradi izgube svojega bogastva
„Aber Weinen wird mein Schicksal nicht ändern"
"toda jok ne bo spremenil moje sreče"
„Ich muss versuchen, ohne Reichtum glücklich zu sein"
"Moram se poskušati osrečiti brez bogastva"
Sie kamen zu ihrem Landhaus
prišli so v svojo podeželsko hišo
und der Kaufmann und seine drei Söhne widmeten sich der Landwirtschaft
in trgovec in njegovi trije sinovi so se posvetili živinoreji
Schönheit stand um vier Uhr morgens auf
lepotica je vstala ob štirih zjutraj
und sie beeilte sich, das Haus zu putzen
in je hitela pospravljat hišo
und sie sorgte dafür, dass das Abendessen fertig war
in poskrbela je, da je bila večerja pripravljena
ihr neues Leben fiel ihr zunächst sehr schwer
na začetku se ji je novo življenje zdelo zelo težko
weil sie diese Arbeit nicht gewohnt war
ker ni bila vajena takega dela

aber in weniger als zwei Monaten wurde sie stärker
a v manj kot dveh mesecih se je okrepila
und sie war gesünder als je zuvor
in bila je bolj zdrava kot kdaj koli prej
nachdem sie ihre arbeit erledigt hatte, las sie
ko je opravila svoje delo, je brala
sie spielte Cembalo
igrala je na čembalo
oder sie sang, während sie Seide spann
ali pa je pela, ko je sukala svilo
im Gegenteil, ihre beiden Schwestern wussten nicht, wie sie ihre Zeit verbringen sollten
nasprotno, njeni dve sestri nista znali preživljati časa
Sie standen um zehn auf und taten den ganzen Tag nichts anderes als herumzufaulenzen
vstajali so ob desetih in ves dan počeli samo lenarjenje
Sie beklagten den Verlust ihrer schönen Kleider
objokovali so izgubo svojih lepih oblačil
und sie beklagten sich über den Verlust ihrer Bekannten
in pritoževali so se, da so izgubili poznanstva
„Schau dir unsere jüngste Schwester an", sagten sie zueinander
»Poglej si našo najmlajšo sestro,« sta si rekla
„Was für ein armes und dummes Geschöpf sie ist"
"kako ubogo in neumno bitje je"
„Es ist gemein, mit so wenig zufrieden zu sein"
"podlo je biti zadovoljen s tako malo"
der freundliche Kaufmann war ganz anderer Meinung
prijazni trgovec je bil povsem drugačnega mnenja
er wusste sehr wohl, dass Schönheit ihre Schwestern übertraf
dobro je vedel, da lepota prekaša njene sestre
Sie übertraf sie sowohl charakterlich als auch geistig
zasenčila jih je tako po značaju kot po umu
er bewunderte ihre Bescheidenheit und ihre harte Arbeit
občudoval je njeno ponižnost in trdo delo

aber am meisten bewunderte er ihre Geduld
najbolj pa je občudoval njeno potrpežljivost
Ihre Schwestern überließen ihr die ganze Arbeit
njene sestre so ji prepustile vse delo
und sie beleidigten sie ständig
in vsak trenutek so jo žalili
Die Familie hatte etwa ein Jahr lang so gelebt
Družina je tako živela približno eno leto
dann bekam der Kaufmann einen Brief von einem Buchhalter
potem je trgovec dobil pismo od računovodje
er hatte in ein Schiff investiert
imel je naložbo v ladjo
und das Schiff war sicher angekommen
in ladja je varno prispela
diese Nachricht ließ die beiden ältesten Töchter staunen
novica je obrnila glavo najstarejšima hčerkama
Sie hatten sofort die Hoffnung, in die Stadt zurückzukehren
takoj so imeli upanje, da se vrnejo v mesto
weil sie des Landlebens überdrüssig waren
ker so bili precej utrujeni od podeželskega življenja
Sie gingen zu ihrem Vater, als er ging
šli so k očetu, ko je odhajal
Sie baten ihn, ihnen neue Kleider zu kaufen
prosili so ga, naj jim kupi nova oblačila
Kleider, Bänder und allerlei Kleinigkeiten
obleke, trakovi in vse mogoče malenkosti
aber die Schönheit verlangte nichts
a lepota ni zahtevala ničesar
weil sie dachte, das Geld würde nicht reichen
ker je mislila, da denarja ne bo dovolj
es würde nicht reichen, um alles zu kaufen, was ihre Schwestern wollten
ne bi bilo dovolj, da bi kupila vse, kar so želele njene sestre
„Was möchtest du, Schönheit?", fragte ihr Vater
"Kaj bi rada, lepotica?" je vprašal oče

"Danke, Vater, dass du so nett bist, an mich zu denken",
sagte sie
"hvala, oče, za dobroto, da misliš name," je rekla
„Vater, sei so freundlich und bring mir eine Rose mit"
"oče, bodi tako prijazen in mi prinesi vrtnico"
„weil hier im Garten keine Rosen wachsen"
"ker tu na vrtu ne rastejo vrtnice"
„und Rosen sind eine Art Rarität"
"in vrtnice so nekakšna redkost"
Schönheit mochte Rosen nicht wirklich
lepotici ni bilo mar za vrtnice
sie bat nur um etwas, um ihre Schwestern nicht zu verurteilen
prosila je samo za nekaj, da ne bi obsojala svojih sester
aber ihre Schwestern dachten, sie hätte aus anderen Gründen nach Rosen gefragt
njene sestre pa so mislile, da je prosila za vrtnice iz drugih razlogov
„Sie hat es nur getan, um besonders auszusehen"
"to je naredila samo zato, da bi izgledala posebno"
Der freundliche Mann machte sich auf die Reise
Prijazen mož je šel na pot
aber als er ankam, stritten sie über die Ware
a ko je prišel, sta se prepirala glede blaga
und nach viel Ärger kam er genauso arm zurück wie zuvor
in po mnogih težavah se je vrnil tako reven kot prej
er war nur ein paar Stunden von seinem eigenen Haus entfernt
bil je v nekaj urah od svoje hiše
und er stellte sich schon die Freude vor, seine Kinder zu sehen
in že si je predstavljal veselje, ko vidi svoje otroke
aber als er durch den Wald ging, verirrte er sich
ko pa je šel skozi gozd se je izgubil
es hat furchtbar geregnet und geschneit
strašno je deževalo in snežilo

der Wind war so stark, dass er ihn vom Pferd warf
veter je bil tako močan, da ga je vrglo s konja
und die Nacht kam schnell
in hitro je prihajala noč
er begann zu glauben, er müsse verhungern
začel je razmišljati, da bi lahko stradal
und er dachte, er könnte erfrieren
in mislil je, da bi lahko zmrznil do smrti
und er dachte, Wölfe könnten ihn fressen
in mislil je, da ga lahko volkovi pojedo
die Wölfe, die er um sich herum heulen hörte
volkove, ki jih je slišal tuliti povsod okoli sebe
aber plötzlich sah er ein Licht
a kar naenkrat je zagledal luč
er sah das Licht in der Ferne durch die Bäume
videl je luč na daleč skozi drevje
als er näher kam, sah er, dass das Licht ein Palast war
ko je prišel bliže, je videl, da je bila luč palača
der Palast war von oben bis unten beleuchtet
palača je bila osvetljena od zgoraj navzdol
Der Kaufmann dankte Gott für sein Glück
trgovec se je zahvalil bogu za svojo srečo
und er eilte zum Palast
in pohitel je v palačo
aber er war überrascht, keine Leute im Palast zu sehen
vendar je bil presenečen, da v palači ni videl ljudi
der Hof war völlig leer
dvorišče je bilo popolnoma prazno
und nirgendwo ein Lebenszeichen
in nikjer ni bilo znakov življenja
sein Pferd folgte ihm in den Palast
njegov konj mu je sledil v palačo
und dann fand sein Pferd großen Stall
in potem je njegov konj našel velik hlev
das arme Tier war fast verhungert
uboga žival je bila skoraj lačna

also ging sein Pferd hinein, um Heu und Hafer zu finden
zato je njegov konj šel noter iskat seno in oves
zum Glück fand er reichlich zu essen
na srečo je našel veliko hrane
und der Kaufmann band sein Pferd an die Krippe
in trgovec je svojega konja privezal k jasli
Als er zum Haus ging, sah er niemanden
Ko je hodil proti hiši, ni videl nikogar
aber in einer großen Halle fand er ein gutes Feuer
a v veliki dvorani je našel dober ogenj
und er fand einen Tisch für eine Person gedeckt
in našel je pogrnjeno mizo za enega
er war nass vom Regen und Schnee
bil je moker od dežja in snega
Also ging er zum Feuer, um sich abzutrocknen
zato se je približal ognju, da bi se posušil
„Ich hoffe, der Hausherr entschuldigt mich"
"Upam, da mi bo gospodar hiše opravičil"
„Ich schätze, es wird nicht lange dauern, bis jemand auftaucht."
"Mislim, da ne bo trajalo dolgo, da se nekdo pojavi"
Er wartete eine beträchtliche Zeit
Čakal je precej časa
er wartete, bis es elf schlug, und noch immer kam niemand
čakal je, dokler ni odbilo enajst, pa še vedno nihče ni prišel
Schließlich war er so hungrig, dass er nicht länger warten konnte
končno je bil tako lačen, da ni mogel več čakati
er nahm ein Hühnchen und aß es in zwei Bissen
vzel je nekaj piščanca in ga pojedel v dveh ustih
er zitterte beim Essen
med jedjo hrane se je tresel
danach trank er ein paar Gläser Wein
po tem je spil nekaj kozarcev vina
Er wurde mutiger und verließ den Saal
vedno bolj pogumen je odšel iz dvorane

und er durchquerte mehrere große Hallen
in prečkal je več velikih dvoran
Er ging durch den Palast, bis er in eine Kammer kam
hodil je skozi palačo, dokler ni prišel v sobo
eine Kammer, in der sich ein überaus gutes Bett befand
komora, v kateri je bila nadvse dobra postelja
er war von der Tortur sehr erschöpft
bil je zelo utrujen od svoje preizkušnje
und es war schon nach Mitternacht
in ura je bila že čez polnoč
also beschloss er, dass es das Beste sei, die Tür zu schließen
zato se je odločil, da je najbolje, da zapre vrata
und er beschloss, dass er zu Bett gehen sollte
in sklenil je, da bi moral iti spat
Es war zehn Uhr morgens, als der Kaufmann aufwachte
Ura je bila deset zjutraj, ko se je trgovec zbudil
gerade als er aufstehen wollte, sah er etwas
ravno ko je hotel vstati, je nekaj zagledal
er war erstaunt, saubere Kleidung zu sehen
bil je presenečen, ko je videl čist komplet oblačil
an der Stelle, wo er seine schmutzigen Kleider zurückgelassen hatte
na mestu, kjer je pustil svoja umazana oblačila
"Mit Sicherheit gehört dieser Palast einer netten Fee"
"gotovo ta palača pripada kakšni vili"
„eine Fee, die mich gesehen und bemitleidet hat"
" vila , ki me je videla in se mi smilila"
er sah durch ein Fenster
pogledal je skozi okno
aber statt Schnee sah er den herrlichsten Garten
a namesto snega je zagledal najčudovitejši vrt
und im Garten waren die schönsten Rosen
in na vrtu so bile najlepše vrtnice
dann kehrte er in die große Halle zurück
nato se je vrnil v veliko dvorano
der Saal, in dem er am Abend zuvor Suppe gegessen hatte

dvorano, kjer je prejšnji večer jedel juho
und er fand etwas Schokolade auf einem kleinen Tisch
in našel je nekaj čokolade na mizici
„Danke, liebe Frau Fee", sagte er laut
»Hvala, dobra gospa vila,« je rekel na glas
„Danke für Ihre Fürsorge"
"hvala, ker ste tako skrbni"
„Ich bin Ihnen für all Ihre Gefälligkeiten äußerst dankbar"
"Izredno sem vam hvaležen za vse vaše usluge"
Der freundliche Mann trank seine Schokolade
prijazni moški je spil svojo čokolado
und dann ging er sein Pferd suchen
potem pa je šel iskat svojega konja
aber im Garten erinnerte er sich an die Bitte der Schönheit
a na vrtu se je spomnil lepotičine prošnje
und er schnitt einen Rosenzweig ab
in odrezal je vejo vrtnic
sofort hörte er ein lautes Geräusch
takoj je zaslišal velik hrup
und er sah ein furchtbar furchtbares Tier
in zagledal je strašno strašno zver
er war so erschrocken, dass er kurz davor war, ohnmächtig zu werden
bil je tako prestrašen, da je bil pripravljen omedleti
„Du bist sehr undankbar", sagte das Tier zu ihm
»Zelo si nehvaležen,« mu je rekla zver
und das Tier sprach mit schrecklicher Stimme
in zver je spregovorila s strašnim glasom
„Ich habe dein Leben gerettet, indem ich dich in mein Schloss gelassen habe"
"Rešil sem ti življenje, ko sem te spustil v svoj grad"
"und dafür stiehlst du mir im Gegenzug meine Rosen?"
"in za to mi v zameno ukradeš vrtnice?"
„Die Rosen sind für mich mehr wert als alles andere"
"Vrtnice, ki jih cenim več kot vse"
„Aber du wirst für das, was du getan hast, sterben"

"ampak umrl boš za to, kar si naredil"
„Ich gebe Ihnen nur eine Viertelstunde, um sich vorzubereiten"
"Dajem ti samo četrt ure, da se pripraviš"
„Bereiten Sie sich auf den Tod vor und sprechen Sie Ihre Gebete"
"pripravite se na smrt in molite"
der Kaufmann fiel auf die Knie
trgovec je padel na kolena
und er hob beide Hände
in je dvignil obe roki
„Mein Herr, ich flehe Sie an, mir zu vergeben"
"Moj gospod, rotim te, da mi odpustiš"
„Ich hatte nicht die Absicht, Sie zu beleidigen"
"Nisem te imel namena užaliti"
„Ich habe für eine meiner Töchter eine Rose gepflückt"
"Nabrala sem vrtnico za eno od svojih hčera"
„Sie bat mich, ihr eine Rose mitzubringen"
"prosila me je, naj ji prinesem vrtnico"
„Ich bin nicht euer Herr, sondern ein Tier", antwortete das Monster
"Nisem tvoj gospodar, sem pa zver," je odgovorila pošast
„Ich mag keine Komplimente"
"Ne maram komplimentov"
„Ich mag Menschen, die so sprechen, wie sie denken"
"Rad imam ljudi, ki govorijo, kot mislijo"
„glauben Sie nicht, dass ich durch Schmeicheleien bewegt werden kann"
"ne predstavljajte si, da me lahko gane laskanje"
„Aber Sie sagen, Sie haben Töchter"
"A pravite, da imate hčere"
„Ich werde dir unter einer Bedingung vergeben"
"Odpustil ti bom pod enim pogojem"
„Eine deiner Töchter muss freiwillig in meinen Palast kommen"
"ena od tvojih hčera mora prostovoljno priti v mojo palačo"

"und sie muss für dich leiden"
"in ona mora trpeti zate"
„Gib mir Dein Wort"
"Pustite mi besedo"
„Und dann können Sie Ihren Geschäften nachgehen"
"in potem lahko nadaljuješ s svojim poslom"
„Versprich mir das:"
"Obljubi mi tole:"
„Wenn Ihre Tochter sich weigert, für Sie zu sterben, müssen Sie innerhalb von drei Monaten zurückkehren"
"če tvoja hči noče umreti zate, se moraš vrniti v treh mesecih"
der Kaufmann hatte nicht die Absicht, seine Töchter zu opfern
trgovec ni imel namena žrtvovati svojih hčera
aber da ihm Zeit gegeben wurde, wollte er seine Töchter noch einmal sehen
a ker je imel čas, je želel še enkrat videti svoje hčere
also versprach er, dass er zurückkehren würde
zato je obljubil, da se bo vrnil
und das Tier sagte ihm, er könne aufbrechen, wann er wolle
in zver mu je rekla, da se lahko odpravi, ko hoče
und das Tier erzählte ihm noch etwas
in zver mu je povedala še eno stvar
„Du sollst nicht mit leeren Händen gehen"
"ne boš odšel praznih rok"
„Geh zurück in das Zimmer, in dem du lagst"
"pojdi nazaj v sobo, kjer si ležal"
„Sie werden eine große leere Schatzkiste sehen"
"videl boš veliko prazno skrinjo z zakladom"
„Fülle die Schatzkiste mit allem, was Dir am besten gefällt"
"napolni skrinjo z zakladom, kar ti je najbolj všeč"
„und ich werde die Schatzkiste zu Dir nach Hause schicken"
"in poslal vam bom skrinjo z zakladom na dom"
und gleichzeitig zog sich das Tier zurück
in hkrati se je zver umaknila
„Nun", sagte sich der gute Mann

»No,« je rekel dobri mož sam pri sebi
„Wenn ich sterben muss, werde ich meinen Kindern wenigstens etwas hinterlassen"
"če že moram umreti, bom vsaj nekaj pustil svojim otrokom"
so kehrte er ins Schlafzimmer zurück
zato se je vrnil v spalnico
und er fand sehr viele Goldstücke
in našel je zelo veliko kosov zlata
er füllte die Schatzkiste, die das Tier erwähnt hatte
napolnil je zaklad, ki ga je omenila zver
und er holte sein Pferd aus dem Stall
in svojega konja je odpeljal iz hleva
die Freude, die er beim Betreten des Palastes empfand, war nun genauso groß wie die Trauer, die er beim Verlassen des Palastes empfand
veselje, ki ga je čutil, ko je vstopil v palačo, je bilo zdaj enako žalosti, ki jo je čutil, ko je odhajal iz nje
Das Pferd nahm einen der Wege im Wald
konj je šel po eni od gozdnih cest
und in wenigen Stunden war der gute Mann zu Hause
in čez nekaj ur je bil dobri mož doma
seine Kinder kamen zu ihm
njegovi otroci so prišli k njemu
aber anstatt ihre Umarmungen mit Freude entgegenzunehmen, sah er sie an
ampak namesto da bi z užitkom sprejel njihove objeme, jih je pogledal
er hielt den Ast hoch, den er in den Händen hielt
dvignil je vejo, ki jo je imel v rokah
und dann brach er in Tränen aus
nato pa je planil v jok
„Schönheit", sagte er, „nimm bitte diese Rosen"
"lepotica," je rekel, "prosim, vzemi te vrtnice"
„Sie können nicht wissen, wie teuer diese Rosen waren"
"ne moreš vedeti, kako drage so bile te vrtnice"
„Diese Rosen haben deinen Vater das Leben gekostet"

"te vrtnice so tvojega očeta stale življenje"
und dann erzählte er von seinem tödlichen Abenteuer
in potem je povedal o svoji usodni dogodivščini
Sofort schrien die beiden ältesten Schwestern
takoj sta zavpili najstarejši sestri
und sie sagten viele gemeine Dinge zu ihrer schönen Schwester
in svoji lepi sestri sta povedala veliko zlobnih stvari
aber die Schönheit weinte überhaupt nicht
lepota pa sploh ni jokala
„Seht euch den Stolz dieses kleinen Schurken an", sagten sie
"Poglejte ponos tega malega bednika," so rekli
„Sie hat nicht nach schönen Kleidern gefragt"
"ni zahtevala lepih oblačil"
„Sie hätte tun sollen, was wir getan haben"
"morala bi storiti, kar smo naredili mi"
„Sie wollte sich hervortun"
"želela se je razlikovati"
„so wird sie nun den Tod unseres Vaters bedeuten"
"torej bo zdaj ona smrt našega očeta"
„und doch vergießt sie keine Träne"
"in vendar ne potoči solze"
"Warum sollte ich weinen?", antwortete die Schönheit
"Zakaj bi jokal?" je odgovoril lepotec
„Weinen wäre völlig unnötig"
"jokanje bi bilo zelo nepotrebno"
„Mein Vater wird nicht für mich leiden"
"moj oče ne bo trpel zame"
„Das Monster wird eine seiner Töchter akzeptieren"
"pošast bo sprejela eno od njegovih hčera"
„Ich werde mich seiner ganzen Wut aussetzen"
"Ponudil se bom vsemu njegovemu besu"
„Ich bin sehr glücklich, denn mein Tod wird das Leben meines Vaters retten"
"Zelo sem vesel, ker bo moja smrt rešila očetovo življenje"

„Mein Tod wird ein Beweis meiner Liebe sein"
"moja smrt bo dokaz moje ljubezni"
„Nein, Schwester", sagten ihre drei Brüder
»Ne, sestra,« so rekli njeni trije bratje
„das darf nicht sein"
"to ne bo"
„Wir werden das Monster finden"
"šel bova iskat pošast"
„und entweder wir werden ihn töten..."
"in ali ga bomo ubili ..."
„... oder wir werden bei dem Versuch umkommen"
"... ali pa bomo umrli v poskusu"
„Stellt euch nichts dergleichen vor, meine Söhne", sagte der Kaufmann
»Ne predstavljajte si česa takega, sinovi moji,« je rekel trgovec
„Die Kraft des Biests ist so groß, dass ich keine Hoffnung habe, dass Ihr es besiegen könntet."
"moč zveri je tako velika, da nimam upanja, da bi ga lahko premagal"
„Ich bin entzückt von dem freundlichen und großzügigen Angebot der Schönheit"
"Očarana sem nad prijazno in velikodušno ponudbo lepotice"
„aber ich kann ihre Großzügigkeit nicht annehmen"
"vendar ne morem sprejeti njene velikodušnosti"
„Ich bin alt und habe nicht mehr lange zu leben"
"Star sem in nimam dolgo časa živeti"
„also kann ich nur ein paar Jahre verlieren"
"tako da lahko izgubim samo nekaj let"
„Zeit, die ich für euch bereue, meine lieben Kinder"
"čas, ki ga obžalujem za vas, moji dragi otroci"
„Aber Vater", sagte die Schönheit
"Ampak oče," je rekel lepotec
„Du sollst nicht ohne mich in den Palast gehen"
"ne greš v palačo brez mene"
„Du kannst mich nicht davon abhalten, dir zu folgen"
"ne moreš mi preprečiti, da ti sledim"

nichts könnte Schönheit vom Gegenteil überzeugen
nič ne more prepričati lepote drugače
Sie bestand darauf, in den schönen Palast zu gehen
vztrajala je, da gre v lepo palačo
und ihre Schwestern waren erfreut über ihre Beharrlichkeit
in njene sestre so bile navdušene nad njenim vztrajanjem
Der Kaufmann war besorgt bei dem Gedanken, seine Tochter zu verlieren
Trgovec je bil zaskrbljen ob misli, da bo izgubil hčer
er war so besorgt, dass er die Truhe voller Gold vergessen hatte
bil je tako zaskrbljen, da je pozabil na skrinjo, polno zlata
Abends begab er sich zur Ruhe und schloss die Tür seines Zimmers.
ponoči se je umaknil k počitku in zaprl vrata svoje sobe
Dann fand er zu seinem großen Erstaunen den Schatz neben seinem Bett.
nato pa je na svoje veliko začudenje našel zaklad ob postelji
er war entschlossen, es seinen Kindern nicht zu erzählen
bil je odločen, da svojim otrokom ne bo povedal
Wenn sie es gewusst hätten, wären sie in die Stadt zurückgekehrt
če bi vedeli, bi se želeli vrniti v mesto
und er war entschlossen, das Land nicht zu verlassen
in bil je odločen, da ne bo zapustil podeželja
aber er vertraute der Schönheit das Geheimnis
lepoti pa je zaupal skrivnost
Sie teilte ihm mit, dass zwei Herren gekommen seien
sporočila mu je, da sta prišla dva gospoda
und sie machten ihren Schwestern einen Heiratsantrag
in so predlagali njenim sestram
Sie bat ihren Vater, ihrer Heirat zuzustimmen
rotila je očeta, naj privoli v njuno poroko
und sie bat ihn, ihnen etwas von seinem Vermögen zu geben
in prosila ga je, naj jim da nekaj svojega bogastva

sie hatte ihnen bereits vergeben
jim je že odpustila
Die bösen Kreaturen rieben ihre Augen mit Zwiebeln
hudobna bitja so si drgnila oči s čebulo
um beim Abschied von der Schwester ein paar Tränen zu vergießen
izsiliti solze ob razhodu s sestro
aber ihre Brüder waren wirklich besorgt
toda njeni bratje so bili res zaskrbljeni
Schönheit war die einzige, die keine Tränen vergoss
lepota je bila edina, ki ni potočila nobene solze
sie wollte ihr Unbehagen nicht vergrößern
ni želela povečati njihovega nelagodja
Das Pferd nahm den direkten Weg zum Palast
konj je vzel direktno cesto do palače
und gegen Abend sahen sie den erleuchteten Palast
in proti večeru so zagledali razsvetljeno palačo
das Pferd begab sich wieder in den Stall
konj se je spet odpeljal v hlev
und der gute Mann und seine Tochter gingen in die große Halle
in dobri mož in njegova hči sta šla v veliko dvorano
hier fanden sie einen herrlich gedeckten Tisch
tukaj so našli čudovito postreženo mizo
der Kaufmann hatte keinen Appetit zu essen
trgovec ni imel apetita za jesti
aber die Schönheit bemühte sich, fröhlich zu erscheinen
toda lepotica se je trudila videti vesela
sie setzte sich an den Tisch und half ihrem Vater
sedla je za mizo in pomagala očetu
aber sie dachte auch bei sich:
pa si je tudi mislila:
„Das Biest will mich sicher mästen, bevor es mich frisst"
"zver me hoče zrediti preden me poje"
„deshalb sorgt er für so viel Unterhaltung"
"zato zagotavlja tako obilno zabavo"

Nachdem sie gegessen hatten, hörten sie ein großes Geräusch
ko so jedli, so zaslišali velik hrup
und der Kaufmann verabschiedete sich mit Tränen in den Augen von seinem unglücklichen Kind
in trgovec se je s solzami v očeh poslovil od svojega nesrečnega otroka
weil er wusste, dass das Biest kommen würde
ker je vedel, da prihaja zver
Die Schönheit war entsetzt über seine schreckliche Gestalt
lepotica je bila prestrašena nad njegovo grozljivo obliko
aber sie nahm ihren Mut zusammen, so gut sie konnte
vendar se je opogumila, kolikor se je dalo
und das Monster fragte sie, ob sie freiwillig mitkäme
in pošast jo je vprašala, če je prišla rada
"ja, ich bin freiwillig gekommen", sagte sie zitternd
»ja, prišla sem z veseljem,« je rekla trepetajoč
Das Tier antwortete: „Du bist sehr gut"
zver je odgovorila: "Zelo si dober"
„und ich bin Ihnen zu großem Dank verpflichtet, ehrlicher Mann"
"in zelo sem vam hvaležen; pošten človek"
„Geht morgen früh eure Wege"
"pojdi jutri zjutraj"
„aber denk nie daran, wieder hierher zu kommen"
"ampak nikoli več ne pomisli, da bi prišel sem"
„Lebe wohl, Schönheit, lebe wohl, Biest", antwortete er
"Adijo lepotica, zbogom zver," je odgovoril
und sofort zog sich das Monster zurück
in takoj se je pošast umaknila
"Oh, Tochter", sagte der Kaufmann
"Oh, hči," je rekel trgovec
und er umarmte seine Tochter noch einmal
in še enkrat je objel hčer
„Ich habe fast Todesangst"
"Skoraj sem na smrt prestrašen"

„glauben Sie mir, Sie sollten lieber zurückgehen"
"verjemi mi, bolje, da greš nazaj"
„Lass mich hier bleiben, statt dir"
"naj ostanem tukaj, namesto tebe"
„Nein, Vater", sagte die Schönheit entschlossen
"Ne, oče," je rekel lepotec z odločnim tonom
„Du sollst morgen früh aufbrechen"
"na pot se odpraviš jutri zjutraj"
„überlasse mich der Obhut und dem Schutz der Vorsehung"
"prepusti me skrbi in varstvu previdnosti"
trotzdem gingen sie zu Bett
kljub temu sta šla spat
Sie dachten, sie würden die ganze Nacht kein Auge zutun
mislili so, da vso noč ne bodo zatisnili očesa
aber als sie sich hinlegten, schliefen sie ein
ampak ravno ko so se ulegli, so spali
Die Schönheit träumte, eine schöne Dame kam und sagte zu ihr:
Lepotica je sanjala, da je prišla dobra gospa in ji rekla:
„Ich bin zufrieden, Schönheit, mit deinem guten Willen"
"Zadovoljen sem, lepotica, s tvojo dobro voljo"
„Diese gute Tat von Ihnen wird nicht unbelohnt bleiben"
"to tvoje dobro dejanje ne bo ostalo nenagrajeno"
Die Schöne erwachte und erzählte ihrem Vater ihren Traum
lepotica se je zbudila in povedala očetu svoje sanje
der Traum tröstete ihn ein wenig
sanje so ga nekoliko potolažile
aber er konnte nicht anders, als bitterlich zu weinen, als er ging
vendar si ni mogel pomagati, da je bridko jokal, ko je odhajal
Sobald er weg war, setzte sich Schönheit in die große Halle und weinte ebenfalls
takoj ko je odšel, je lepotica sedla v veliko dvorano in tudi jokala
aber sie beschloss, sich keine Sorgen zu machen
vendar se je odločila, da ne bo nelagodna

Sie beschloss, in der kurzen Zeit, die ihr noch zu leben blieb, stark zu sein
odločila se je, da bo močna za malo časa, ki ji je ostal
weil sie fest davon überzeugt war, dass das Biest sie fressen würde
ker je trdno verjela, da jo bo zver požrla
Sie dachte jedoch, sie könnte genauso gut den Palast erkunden
vseeno pa je pomislila, da bi prav tako lahko raziskala palačo
und sie wollte das schöne Schloss besichtigen
in si je želela ogledati lepi grad
ein Schloss, das sie bewundern musste
grad, ki si ga ni mogla pomagati občudovati
Es war ein wunderbar angenehmer Palast
bila je čudovito prijetna palača
und sie war äußerst überrascht, als sie eine Tür sah
in bila je zelo presenečena, ko je zagledala vrata
und über der Tür stand, dass es ihr Zimmer sei
in nad vrati je pisalo, da je to njena soba
sie öffnete hastig die Tür
naglo je odprla vrata
und sie war ganz geblendet von der Pracht des Raumes
in bila je čisto zaslepljena nad veličastnostjo sobe
was ihre Aufmerksamkeit vor allem auf sich zog, war eine große Bibliothek
kar je pritegnilo njeno pozornost predvsem velika knjižnica
ein Cembalo und mehrere Notenbücher
čembalo in več notnih knjig
„Nun", sagte sie zu sich selbst
»No,« je rekla sama pri sebi
„Ich sehe, das Biest wird meine Zeit nicht verstreichen lassen"
"Vidim, da zver ne bo pustila, da bi moj čas obležal"
dann dachte sie über ihre Situation nach
potem je pri sebi razmišljala o svoji situaciji
„Wenn ich einen Tag bleiben sollte, wäre das alles nicht

hier"
"Če bi mi bilo namenjeno ostati en dan, vsega tega ne bi bilo tukaj"
diese Überlegung gab ihr neuen Mut
ta premislek ji je dal nov pogum
und sie nahm ein Buch aus ihrer neuen Bibliothek
in vzela je knjigo iz svoje nove knjižnice
und sie las diese Worte in goldenen Buchstaben:
in prebrala je te besede z zlatimi črkami:
„Begrüße Schönheit, vertreibe die Angst"
"Dobrodošla lepotica, preženi strah"
„Du bist hier Königin und Herrin"
"Tu si kraljica in gospodarica"
„Sprich deine Wünsche aus, sprich deinen Willen aus"
"Povej svoje želje, povej svojo voljo"
„Schneller Gehorsam begegnet hier Ihren Wünschen"
"Swift obedience tukaj izpolnjuje vaše želje"
"Ach", sagte sie mit einem Seufzer
"Ojej," je rekla z vzdihom
„Am meisten wünsche ich mir, meinen armen Vater zu sehen"
"Najbolj od vsega si želim videti svojega ubogega očeta"
„und ich würde gerne wissen, was er tut"
"in rad bi vedel, kaj počne"
Kaum hatte sie das gesagt, bemerkte sie den Spiegel
Takoj, ko je to rekla, je opazila ogledalo
zu ihrem großen Erstaunen sah sie ihr eigenes Zuhause im Spiegel
na svoje veliko začudenje je v ogledalu zagledala svoj dom
Ihr Vater kam emotional erschöpft an
njen oče je prišel čustveno izčrpan
Ihre Schwestern gingen ihm entgegen
njene sestre so mu šle nasproti
trotz ihrer Versuche, traurig zu wirken, war ihre Freude sichtbar
kljub njihovim poskusom, da bi bili videti žalostni, je bilo

njihovo veselje vidno
einen Moment später war alles verschwunden
trenutek kasneje je vse izginilo
und auch die Befürchtungen der Schönheit verschwanden
in tudi lepotni strahovi so izginili
denn sie wusste, dass sie dem Tier vertrauen konnte
saj je vedela, da lahko zaupa zveri
Mittags fand sie das Abendessen fertig
Opoldne je našla večerjo pripravljeno
sie setzte sich an den Tisch
sama je sedla za mizo
und sie wurde mit einem Musikkonzert unterhalten
in jo zabavali s koncertom glasbe
obwohl sie niemanden sehen konnte
čeprav ni videla nikogar
abends setzte sie sich wieder zum Abendessen
ponoči je spet sedla k večerji
diesmal hörte sie das Geräusch, das das Tier machte
tokrat je slišala hrup, ki ga je povzročila zver
und sie konnte nicht anders, als Angst zu haben
in ni si mogla pomagati, da bi bila prestrašena
"Schönheit", sagte das Monster
"lepotica," je rekla pošast
"erlaubst du mir, mit dir zu essen?"
"mi dovolite jesti s tabo?"
"Mach, was du willst", antwortete die Schönheit zitternd
"stori, kakor hočeš," je drhteče odgovorila lepotica
„Nein", antwortete das Tier
"Ne," je odgovorila zver
„Du allein bist hier die Herrin"
"samo ti si tukaj gospodarica"
„Sie können mich wegschicken, wenn ich Ärger mache"
"lahko me pošlješ stran, če sem težaven"
„schick mich fort, und ich werde mich sofort zurückziehen"
"pošlji me stran in takoj se umaknem"
„Aber sagen Sie mir: Finden Sie mich nicht sehr hässlich?"

"Ampak, povej mi; ali ne misliš, da sem zelo grda?"
„Das stimmt", sagte die Schönheit
"To je res," je rekel lepotec
„Ich kann nicht lügen"
"Ne morem lagati"
„aber ich glaube, Sie sind sehr gutmütig"
"ampak verjamem, da si zelo dobre volje"
„Das bin ich tatsächlich", sagte das Monster
"Res sem," je rekla pošast
„Aber abgesehen von meiner Hässlichkeit habe ich auch keinen Verstand"
"Ampak razen svoje grdote tudi nimam razuma"
„Ich weiß sehr wohl, dass ich ein dummes Wesen bin"
"Dobro vem, da sem neumno bitje"
„Es ist kein Zeichen von Torheit, so zu denken", antwortete die Schönheit
"Ni znak neumnosti, če tako misliš," je odgovorila lepotica
„Dann iss, Schönheit", sagte das Monster
"Potem jej, lepotec," je rekla pošast
„Versuchen Sie, sich in Ihrem Palast zu amüsieren"
"poskusi se zabavati v svoji palači"
"alles hier gehört dir"
"vse tukaj je tvoje"
„Und ich wäre sehr unruhig, wenn Sie nicht glücklich wären"
"in bilo bi mi zelo neprijetno, če ne bi bil srečen"
„Sie sind sehr zuvorkommend", antwortete die Schönheit
"Zelo ste ustrežljivi," je odgovorila lepotica
„Ich gebe zu, ich freue mich über Ihre Freundlichkeit"
"Priznam, da sem vesel vaše prijaznosti"
„Und wenn ich über deine Freundlichkeit nachdenke, fallen mir deine Missbildungen kaum auf"
"in ko pomislim na vašo prijaznost, komaj opazim vaše deformacije"
„Ja, ja", sagte das Tier, „mein Herz ist gut
»Da, da,« je rekla zver, »moje srce je dobro

„Aber obwohl ich gut bin, bin ich immer noch ein Monster"
"toda čeprav sem dober, sem še vedno pošast"
„Es gibt viele Männer, die diesen Namen mehr verdienen als Sie."
"Veliko moških si zasluži to ime bolj kot ti"
„und ich bevorzuge dich, so wie du bist"
"in te imam raje takšnega kot si"
„und ich ziehe dich denen vor, die ein undankbares Herz verbergen"
"in te imam raje kot tiste, ki skrivajo nehvaležno srce"
"Wenn ich nur etwas Verstand hätte", antwortete das Biest
"Ko bi le imel malo pameti," je odgovorila zver
„Wenn ich vernünftig wäre, würde ich Ihnen als Dank ein schönes Kompliment machen"
"Če bi bil pameten, bi naredil dober kompliment v zahvalo"
"aber ich bin so langweilig"
"ampak sem tako dolgočasen"
„Ich kann nur sagen, dass ich Ihnen zu großem Dank verpflichtet bin"
"Lahko samo rečem, da sem vam zelo hvaležen"
Schönheit aß ein herzhaftes Abendessen
lepotica je pojedla obilno večerjo
und sie hatte ihre Angst vor dem Monster fast überwunden
in skoraj je premagala svoj strah pred pošastjo
aber sie wollte ohnmächtig werden, als das Biest ihr die nächste Frage stellte
vendar je hotela omedleti, ko ji je zver zastavila naslednje vprašanje
"Schönheit, willst du meine Frau werden?"
"lepotica, boš moja žena?"
es dauerte eine Weile, bis sie antworten konnte
vzela je nekaj časa, preden je lahko odgovorila
weil sie Angst hatte, ihn wütend zu machen
ker se je bala, da bi ga razjezila
Schließlich sagte sie jedoch "nein, Biest"
na koncu pa je rekla "ne, zver"

sofort zischte das arme Monster ganz fürchterlich
takoj je uboga pošast zelo strašno siknila
und der ganze Palast hallte
in vsa palača je odmevala
aber die Schönheit erholte sich bald von ihrem Schrecken
toda lepotica si je kmalu opomogla od strahu
denn das Tier sprach wieder mit trauriger Stimme
ker je zver spet spregovorila z žalostnim glasom
„Dann leb wohl, Schönheit"
"potem pa zbogom, lepotica"
und er drehte sich nur ab und zu um
in le tu in tam se je obrnil nazaj
um sie anzusehen, als er hinausging
da bi jo pogledal, ko je šel ven
jetzt war die Schönheit wieder allein
zdaj je bila lepotica spet sama
Sie empfand großes Mitgefühl
čutila je veliko sočutja
„Ach, es ist tausendmal schade"
"Ojej, to je tisoč škoda"
„Etwas, das so gutmütig ist, sollte nicht so hässlich sein"
"vse, kar je tako dobre narave, ne bi smelo biti tako grdo"
Schönheit verbrachte drei Monate sehr zufrieden im Palast
lepotica je preživela tri mesece zelo zadovoljna v palači
jeden Abend stattete ihr das Biest einen Besuch ab
vsak večer jo je zver obiskala
und sie redeten beim Abendessen
in sta se pogovarjala med večerjo
Sie sprachen mit gesundem Menschenverstand
govorili so po zdravi pameti
aber sie sprachen nicht mit dem, was man als geistreich bezeichnet
vendar niso govorili s tem, čemur ljudje pravijo duhovitost
Schönheit entdeckte immer einen wertvollen Charakter im Biest
lepota je v zveri vedno odkrila nekaj dragocenega značaja

und sie hatte sich an seine Missbildung gewöhnt
in navadila se je na njegovo deformacijo
sie fürchtete sich nicht mehr vor seinem Besuch
ni se več bala časa njegovega obiska
jetzt schaute sie oft auf die Uhr
zdaj je pogosto pogledala na uro
und sie konnte es kaum erwarten, bis es neun Uhr war
in komaj je čakala, da bo ura devet
denn das Tier kam immer zu dieser Stunde
ker zver nikoli ni zamudila prihoda ob tisti uri
Es gab nur eine Sache, die Schönheit betraf
samo ena stvar je zadevala lepoto
jeden Abend, bevor sie ins Bett ging, stellte ihr das Biest die gleiche Frage
vsak večer, preden je šla spat, jo je zver vprašala isto vprašanje
Das Monster fragte sie, ob sie seine Frau werden wolle
pošast jo je vprašala, ali bi bila njegova žena
Eines Tages sagte sie zu ihm: „Biest, du machst mir große Sorgen."
Nekega dne mu je rekla: "Zver, zelo mi povzročaš nelagodje"
„Ich wünschte, ich könnte einwilligen, dich zu heiraten"
"Želim si, da bi se lahko poročil s teboj"
„Aber ich bin zu aufrichtig, um dir zu glauben zu machen, dass ich dich heiraten würde"
"ampak sem preveč iskren, da bi te prepričal, da bi se poročil s tabo"
„Unsere Ehe wird nie stattfinden"
"najin zakon se ne bo nikoli zgodil"
„Ich werde dich immer als Freund sehen"
"Vedno te bom videl kot prijatelja"
„Bitte versuchen Sie, damit zufrieden zu sein"
"prosim, poskusite biti zadovoljni s tem"
„Damit muss ich zufrieden sein", sagte das Tier
»S tem moram biti zadovoljen,« je rekla zver
„Ich kenne mein eigenes Unglück"
"Poznam svojo nesrečo"

„aber ich liebe dich mit der zärtlichsten Zuneigung"
"vendar te ljubim z najnežnejšo naklonjenostjo"
„Ich sollte mich jedoch als glücklich betrachten"
"Vendar bi se moral imeti za srečnega"
"**und ich würde mich freuen, wenn du hier bleibst**"
"in moral bi biti vesel, da boš ostal tukaj"
„versprich mir, mich nie zu verlassen"
"obljubi mi, da me nikoli ne boš zapustil"
Schönheit errötete bei diesen Worten
lepota je ob teh besedah zardela
Eines Tages schaute die Schönheit in ihren Spiegel
nekega dne se je lepotica gledala v svoje ogledalo
ihr Vater hatte sich schreckliche Sorgen um sie gemacht
njen oče je skrbel zanjo
sie sehnte sich mehr denn je danach, ihn wiederzusehen
hrepenela je po tem, da bi ga spet videla bolj kot kdaj prej
„Ich könnte versprechen, dich nie ganz zu verlassen"
"Lahko bi obljubil, da te ne bom nikoli povsem zapustil"
„aber ich habe so ein großes Verlangen, meinen Vater zu sehen"
"vendar imam tako veliko željo videti očeta"
„Ich wäre unendlich verärgert, wenn Sie nein sagen würden"
"Neverjetno bi bil razburjen, če bi rekel ne"
"**Ich würde lieber selbst sterben**", sagte das Monster
"Raje sem umrl," je rekla pošast
„Ich würde lieber sterben, als dir Unbehagen zu bereiten"
"Raje bi umrl, kot da bi ti povzročil nelagodje"
„Ich werde dich zu deinem Vater schicken"
"Poslal te bom k očetu"
„Du sollst bei ihm bleiben"
"ostal boš z njim"
"**und dieses unglückliche Tier wird stattdessen vor Kummer sterben**"
"in ta nesrečna zver bo namesto tega umrla od žalosti"
"**Nein**", sagte die Schönheit weinend

"Ne," je rekla lepotica objokana
„Ich liebe dich zu sehr, um die Ursache deines Todes zu sein"
"Preveč te ljubim, da bi bil vzrok tvoje smrti"
„Ich verspreche Ihnen, in einer Woche wiederzukommen"
"Obljubim ti, da se vrnem čez teden dni"
„Du hast mir gezeigt, dass meine Schwestern verheiratet sind"
"Pokazali ste mi, da sta moji sestri poročeni"
„und meine Brüder sind zur Armee gegangen"
"in moji bratje so šli v vojsko"
"Lass mich eine Woche bei meinem Vater bleiben, da er allein ist"
"Naj ostanem en teden pri očetu, saj je sam"
"Morgen früh wirst du dort sein", sagte das Tier
"Jutri zjutraj boš tam," je rekla zver
„Aber denk an dein Versprechen"
"ampak zapomni si svojo obljubo"
„Sie brauchen Ihren Ring nur auf den Tisch zu legen, bevor Sie zu Bett gehen."
"Prstan moraš samo položiti na mizo, preden greš spat"
"Und dann werdet ihr vor dem Morgen zurückgebracht"
"in potem te bodo pripeljali nazaj pred jutrom"
„Lebe wohl, liebe Schönheit", seufzte das Tier
"Zbogom draga lepotica," je zavzdihnila zver
Die Schönheit ging an diesem Abend sehr traurig ins Bett
lepotica je šla tisto noč zelo žalostna spat
weil sie das Tier nicht so besorgt sehen wollte
ker ni hotela videti zveri tako zaskrbljena
am nächsten Morgen fand sie sich im Haus ihres Vaters wieder
naslednje jutro se je znašla na očetovem domu
sie läutete eine kleine Glocke neben ihrem Bett
pozvonila je z zvončkom ob postelji
und das Dienstmädchen stieß einen lauten Schrei aus
in služkinja je glasno zavpila

und ihr Vater rannte nach oben
in njen oče je tekel gor
er dachte, er würde vor Freude sterben
mislil je, da bo umrl od veselja
er hielt sie eine Viertelstunde lang in seinen Armen
četrt ure jo je držal v naročju
irgendwann waren die ersten Grüße vorbei
končno je bilo prvih pozdravov konec
Schönheit begann daran zu denken, aus dem Bett zu steigen
lepotica je začela razmišljati, da bi vstala iz postelje
aber sie merkte, dass sie keine Kleidung mitgebracht hatte
vendar je ugotovila, da ni prinesla oblačil
aber das Dienstmädchen sagte ihr, sie habe eine Kiste gefunden
vendar ji je služkinja povedala, da je našla škatlo
der große Koffer war voller Kleider und Kleider
velik zaboj je bil poln halj in oblek
jedes Kleid war mit Gold und Diamanten bedeckt
vsaka obleka je bila prekrita z zlatom in diamanti
Schönheit dankte dem Tier für seine freundliche Pflege
lepotica se je zveri zahvalila za njegovo prijazno nego
und sie nahm eines der schlichtesten Kleider
in vzela je eno najpreprostejših oblek
Die anderen Kleider wollte sie ihren Schwestern schenken
druge obleke je nameravala dati svojim sestram
aber bei diesem Gedanken verschwand die Kleidertruhe
a ob tej misli je skrinja z obleko izginila
Das Biest hatte darauf bestanden, dass die Kleidung nur für sie sei
zver je vztrajala, da so oblačila samo zanjo
ihr Vater sagte ihr, dass dies der Fall sei
oče ji je rekel, da je tako
und sofort kam die Kleidertruhe wieder zurück
in takoj se je prtljažnik z oblačili spet vrnil
Schönheit kleidete sich mit ihren neuen Kleidern
lepotica se je oblekla v svoja nova oblačila

und in der Zwischenzeit gingen die Mägde los, um ihre Schwestern zu finden
medtem pa so služkinje odšle iskat njene sestre
Ihre beiden Schwestern waren mit ihren Ehemännern
obe njeni sestri sta bili s svojima možema
aber ihre beiden Schwestern waren sehr unglücklich
toda obe njeni sestri sta bili zelo nesrečni
Ihre älteste Schwester hatte einen sehr gutaussehenden Herrn geheiratet
njena najstarejša sestra se je poročila z zelo čednim gospodom
aber er war so selbstgefällig, dass er seine Frau vernachlässigte
vendar je bil sam sebi tako všeč, da je zanemarjal ženo
Ihre zweite Schwester hatte einen geistreichen Mann geheiratet
njena druga sestra se je poročila z duhovitim moškim
aber er nutzte seinen Witz, um die Leute zu quälen
vendar je s svojo duhovitostjo mučil ljudi
und am meisten quälte er seine Frau
najbolj pa je mučil svojo ženo
Die Schwestern der Schönheit sahen sie wie eine Prinzessin gekleidet
lepotičine sestre so jo videle oblečeno kot princesa
und sie waren krank vor Neid
in zboleli so od zavisti
jetzt war sie schöner als je zuvor
zdaj je bila lepša kot kdajkoli
ihr liebevolles Verhalten konnte ihre Eifersucht nicht unterdrücken
njeno ljubeče vedenje ni moglo zadušiti njihovega ljubosumja
Sie erzählte ihnen, wie glücklich sie mit dem Tier war
povedala jim je, kako srečna je z zverjo
und ihre Eifersucht war kurz vor dem Platzen
in njihovo ljubosumje je bilo pripravljeno, da poči
Sie gingen in den Garten, um über ihr Unglück zu weinen
Spustili so se na vrt, da bi jokali o svoji nesreči

„Inwiefern ist dieses kleine Geschöpf besser als wir?"
"V čem je to malo bitje boljše od nas?"
„Warum sollte sie so viel glücklicher sein?"
"Zakaj bi morala biti toliko bolj srečna?"
„Schwester", sagte die ältere Schwester
»Sestra,« je rekla starejša sestra
„Mir ist gerade ein Gedanke gekommen"
"pravkar mi je padla misel"
„Versuchen wir, sie länger als eine Woche hier zu behalten"
"poskušajmo jo obdržati tukaj več kot en teden"
„Vielleicht macht das das dumme Monster wütend"
"morda bo to razjezilo neumno pošast"
„weil sie ihr Wort gebrochen hätte"
"ker bi prelomila besedo"
"und dann könnte er sie verschlingen"
"in potem bi jo lahko požrl"
"Das ist eine tolle Idee", antwortete die andere Schwester
"to je odlična ideja," je odgovorila druga sestra
„Wir müssen ihr so viel Freundlichkeit wie möglich entgegenbringen"
"izkazati ji moramo čim več prijaznosti"
Die Schwestern fassten den Entschluss
sestre so se odločile za to
und sie verhielten sich sehr liebevoll gegenüber ihrer Schwester
in do svoje sestre so se obnašali zelo ljubeče
Die arme Schönheit weinte vor Freude über all ihre Freundlichkeit
uboga lepotica je jokala od veselja zaradi vse njihove dobrote
Als die Woche um war, weinten sie und rauften sich die Haare
ko se je teden iztekel, so jokali in si trgali lase
es schien ihnen so leid zu tun, sich von ihr zu trennen
zdelo se jim je tako žal, da se ločijo od nje
und die Schönheit versprach, noch eine Woche länger zu bleiben

in lepotica je obljubila, da bo ostala teden dni dlje
In der Zwischenzeit konnte die Schönheit nicht umhin, über sich selbst nachzudenken
Medtem pa lepotica ni mogla pomagati razmišljanju o sebi
sie machte sich Sorgen darüber, was sie dem armen Tier antat
skrbelo jo je, kaj počne ubogi zveri
Sie wusste, dass sie ihn aufrichtig liebte
ve, da ga je iskreno ljubila
und sie sehnte sich wirklich danach, ihn wiederzusehen
in res si je želela, da bi ga spet videla
Auch die zehnte Nacht verbrachte sie bei ihrem Vater
tudi deseto noč je preživela pri očetu
sie träumte, sie sei im Schlossgarten
sanjala je, da je na vrtu palače
und sie träumte, sie sähe das Tier ausgestreckt im Gras liegen
in sanjalo se ji je, da je videla zver, razširjeno na travi
er schien ihr mit sterbender Stimme Vorwürfe zu machen
zdelo se ji je očital z umirajočim glasom
und er warf ihr Undankbarkeit vor
in jo je obtožil nehvaležnosti
Schönheit erwachte aus ihrem Schlaf
lepotica se je prebudila iz spanja
und sie brach in Tränen aus
in planila je v jok
„**Bin ich nicht sehr böse?"**
"Ali nisem zelo hudoben?"
„**War es nicht grausam von mir, so unfreundlich gegenüber dem Tier zu sein?"**
"Ali ni bilo kruto od mene, da sem ravnal tako neprijazno do zveri?"
„**Das Biest hat alles getan, um mir zu gefallen"**
"zver je naredila vse, da bi mi ugodila"
"Ist es seine Schuld, dass er so hässlich ist?"
"Je on kriv, da je tako grd?"

„Ist es seine Schuld, dass er so wenig Verstand hat?"
"Ali je on kriv, da ima tako malo pameti?"
„Er ist freundlich und gut, und das genügt"
"Je prijazen in dober, in to zadostuje"
„Warum habe ich mich geweigert, ihn zu heiraten?"
"Zakaj sem zavrnila poroko z njim?"
„Ich sollte mit dem Monster glücklich sein"
"Moral bi biti zadovoljen s pošastjo"
„Schau dir die Männer meiner Schwestern an"
"poglej moža mojih sester"
„Weder Witz noch Schönheit machen sie gut"
"niti duhovitost, niti lepota jih ne naredi dobrih"
„Keiner ihrer Ehemänner macht sie glücklich"
"nobeden od mož jih ne osrečuje"
„sondern Tugend, Sanftmut und Geduld"
"ampak krepost, prijaznost in potrpežljivost"
„Diese Dinge machen eine Frau glücklich"
"te stvari naredijo žensko srečno"
„und das Tier hat all diese wertvollen Eigenschaften"
"in zver ima vse te dragocene lastnosti"
„es ist wahr, ich empfinde keine Zärtlichkeit und Zuneigung für ihn"
"res je; ne čutim nežnosti naklonjenosti do njega"
„aber ich empfinde für ihn die allergrößte Dankbarkeit"
"vendar se mi zdi, da sem mu najbolj hvaležen"
„und ich habe die höchste Wertschätzung für ihn"
"in jaz ga zelo cenim"
„und er ist mein bester Freund"
"in on je moj najboljši prijatelj"
„Ich werde ihn nicht unglücklich machen"
"Ne bom ga delala nesrečnega"
„Wenn ich so undankbar wäre, würde ich mir das nie verzeihen"
"Če bi bil tako nehvaležen, si ne bi nikoli odpustil"
Schönheit legte ihren Ring auf den Tisch
lepotica je položila prstan na mizo

und sie ging wieder zu Bett
in spet je šla spat
kaum war sie im Bett, da schlief sie ein
komaj je bila v postelji, preden je zaspala
Sie wachte am nächsten Morgen wieder auf
naslednje jutro se je spet zbudila
und sie war überglücklich, sich im Palast des Tieres wiederzufinden
in bila je presrečna, da se je znašla v palači zveri
Sie zog eines ihrer schönsten Kleider an, um ihm zu gefallen
oblekla je eno svojih najlepših oblek, da bi mu ugodila
und sie wartete geduldig auf den Abend
in potrpežljivo je čakala na večer
kam die ersehnte Stunde
je prišla želena ura
die Uhr schlug neun, doch kein Tier erschien
ura je odbila devet, vendar se ni pojavila nobena zver
Schönheit befürchtete dann, sie sei die Ursache seines Todes gewesen
lepotica se je takrat bala, da je bila vzrok njegove smrti
Sie rannte weinend durch den ganzen Palast
jokajoča je tekla po vsej palači
nachdem sie ihn überall gesucht hatte, erinnerte sie sich an ihren Traum
potem ko ga je iskala povsod, se je spomnila svojih sanj
und sie rannte zum Kanal im Garten
in stekla je do kanala na vrtu
Dort fand sie das arme Tier ausgestreckt
tam je našla ubogo zver raztegnjeno
und sie war sicher, dass sie ihn getötet hatte
in bila je prepričana, da ga je ubila
sie warf sich ohne Furcht auf ihn
brez strahu se je vrgla nanj
sein Herz schlug noch
srce mu je še vedno utripalo
sie holte etwas Wasser aus dem Kanal

je prinesla nekaj vode iz kanala
und sie goss das Wasser über seinen Kopf
in zlila mu je vodo na glavo
Das Tier öffnete seine Augen und sprach mit der Schönheit
zver je odprla oči in spregovorila lepotici
„Du hast dein Versprechen vergessen"
"Pozabil si na obljubo"
„Es hat mir das Herz gebrochen, dich verloren zu haben"
"Tako me je strlo srce, da sem te izgubil"
„Ich beschloss, zu hungern"
"Odločil sem se, da bom stradal"
„aber ich habe das Glück, Sie wiederzusehen"
"vendar imam srečo, da te še enkrat vidim"
„so habe ich das Vergnügen, zufrieden zu sterben"
"torej imam veselje umreti zadovoljen"
„Nein, liebes Tier", sagte die Schönheit, „du darfst nicht sterben"
"Ne, draga zver," je rekla lepotica, "ne smeš umreti"
„Lebe, um mein Ehemann zu sein"
"Živi, da boš moj mož"
„Von diesem Augenblick an reiche ich dir meine Hand"
"od tega trenutka ti podajam roko"
„und ich schwöre, niemand anderes als Dein zu sein"
"in prisežem, da bom le tvoj"
„Ach! Ich dachte, ich hätte nur Freundschaft für dich."
"Ojej! Mislil sem, da imam zate samo prijateljstvo"
"aber der Kummer, den ich jetzt fühle, überzeugt mich;"
"toda žalost, ki jo zdaj čutim, me prepriča;"
„Ich kann nicht ohne dich leben"
"Ne morem živeti brez tebe"
Schönheit hatte diese Worte kaum gesagt, als sie ein Licht sah
redka lepotica je izrekla te besede, ko je zagledala luč
der Palast funkelte im Licht
palača se je iskrila od svetlobe
Feuerwerk erleuchtete den Himmel

ognjemet je razsvetlil nebo
und die Luft erfüllt mit Musik
in zrak poln glasbe
alles kündigte ein großes Ereignis an
vse je kazalo na neki velik dogodek
aber nichts konnte ihre Aufmerksamkeit fesseln
a nič ni moglo zadržati njene pozornosti
sie wandte sich ihrem lieben Tier zu
se je obrnila k svoji dragi živali
das Tier, vor dem sie vor Angst zitterte
zver , za katero je trepetala od strahu
aber ihre Überraschung über das, was sie sah, war groß!
vendar je bilo njeno presenečenje nad tem, kar je videla, veliko!
das Tier war verschwunden
zver je izginila
stattdessen sah sie den schönsten Prinzen
namesto tega je videla najlepšega princa
sie hatte den Zauber beendet
končala je urok
ein Zauber, unter dem er einem Tier ähnelte
urok, pod katerim je bil podoben zveri
dieser Prinz war all ihre Aufmerksamkeit wert
ta princ je bil vreden vse njene pozornosti
aber sie konnte nicht anders und musste fragen, wo das Biest war
vendar si ni mogla kaj, da ne bi vprašala, kje je zver
„Du siehst ihn zu deinen Füßen", sagte der Prinz
"Vidiš ga pri svojih nogah," je rekel princ
„Eine böse Fee hatte mich verdammt"
"Hudobna vila me je obsodila"
„Ich sollte diese Gestalt behalten, bis eine wunderschöne Prinzessin einwilligte, mich zu heiraten."
"V taki formi sem moral ostati, dokler se lepa princesa ne bo strinjala, da se poroči z mano"
„Die Fee hat mein Verständnis verborgen"

"vila je skrila moje razumevanje"
„Du warst der Einzige, der großzügig genug war, um von meiner guten Laune bezaubert zu sein."
"ti si bil edini dovolj radodaren, da te je očarala dobrota mojega temperamenta"
Schönheit war angenehm überrascht
lepotica je bila veselo presenečena
und sie gab dem bezaubernden Prinzen ihre Hand
in očarljivemu princu je podala roko
Sie gingen zusammen ins Schloss
skupaj sta šla v grad
und die Schöne war überglücklich, ihren Vater im Schloss zu finden
in lepotica je bila presrečna, ko je našla očeta v gradu
und ihre ganze Familie war auch da
in tudi njena cela družina je bila tam
sogar die schöne Dame, die in ihrem Traum erschienen war, war da
celo lepa dama, ki se je pojavila v njenih sanjah, je bila tam
"Schönheit", sagte die Dame aus dem Traum
"lepotica," je rekla gospa iz sanj
„Komm und empfange deine Belohnung"
"pridi in prejmi svojo nagrado"
„Sie haben die Tugend dem Witz oder dem Aussehen vorgezogen"
"daš prednost vrlini kot pameti ali videzu"
„und Sie verdienen jemanden, in dem diese Eigenschaften vereint sind"
"in zaslužiš si nekoga, v katerem so te lastnosti združene"
„Du wirst eine großartige Königin sein"
"velika kraljica boš"
„Ich hoffe, der Thron wird deine Tugend nicht schmälern"
"Upam, da prestol ne bo zmanjšal vaše vrline"
Dann wandte sich die Fee an die beiden Schwestern
tedaj se je vila obrnila k obema sestrama
„Ich habe in eure Herzen geblickt"

"Videl sem v vaših srcih"
„und ich kenne die ganze Bosheit, die in euren Herzen steckt"
"in poznam vso zlobo v vaših srcih"
„Ihr beide werdet zu Statuen"
"vidva bosta postala kipa"
„Aber ihr werdet euren Verstand bewahren"
"vendar boste ohranili svoje misli"
„Du sollst vor den Toren des Palastes deiner Schwester stehen"
"stal boš pred vrati palače svoje sestre"
„Das Glück deiner Schwester soll deine Strafe sein"
"sreča tvoje sestre bo tvoja kazen"
„Sie werden nicht in Ihren früheren Zustand zurückkehren können"
"ne boš se mogel vrniti v prejšnja stanja"
„es sei denn, Sie beide geben Ihre Fehler zu"
"razen če oba priznata svoje napake"
„Aber ich sehe voraus, dass ihr immer Statuen bleiben werdet"
"ampak predvidevam, da boste vedno ostali kipi"
„Stolz, Zorn, Völlerei und Faulheit werden manchmal besiegt"
"Ponos, jeza, požrešnost in brezdelje so včasih premagani"
„aber die Bekehrung neidischer und böswilliger Gemüter sind Wunder"
" toda spreobrnitev zavistnih in zlonamernih umov so čudeži"
sofort strich die Fee mit ihrem Zauberstab
vila je takoj udarila s palico
und im nächsten Augenblick waren alle im Saal entrückt
in v trenutku so bili vsi, ki so bili v dvorani, prepeljani
Sie waren in die Herrschaftsgebiete des Fürsten eingedrungen
odšli so v knežje oblasti
die Untertanen des Prinzen empfingen ihn mit Freude
knežji podložniki so ga sprejeli z veseljem

der Priester heiratete die Schöne und das Biest
duhovnik je poročil lepotico in zver
und er lebte viele Jahre mit ihr
in z njo je živel mnogo let
und ihr Glück war vollkommen
in njihova sreča je bila popolna
weil ihr Glück auf Tugend beruhte
ker je njihova sreča temeljila na kreposti

Das Ende
Konec

www.tranzlaty.com